AF562937

ENTRETIEN

DE

DEUX JEUNES AMIS

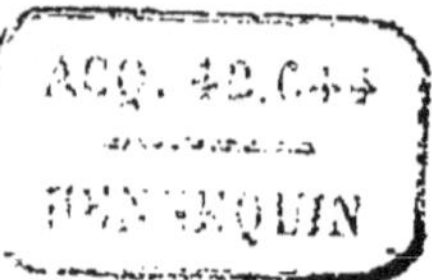

SUR LA LETTRE

DE M. LE VICOMTE DE CHATEAUBRIANT,

PAIR DE FRANCE,

RELATIVEMENT A LA LOI DES INDEMNITÉS,

PAR MOÏSE BOUTIN.

A PARIS,

CHEZ PONTHIEU, LIBRAIRE,

PALAIS-ROYAL, GALERIE DE BOIS.

1825.

ENTRETIEN

DE

DEUX JEUNES AMIS.

L'ÉMIGRÉ.

Enfin, mon ami, justice va nous être rendue; je vais rentrer dans mes droits, je vais redevenir ce que j'étais.

L'ORPHELIN DU GARD.

D'où te viennent donc de si belles espérances? quelle heureuse nouvelle a pu les faire naître dans ton cœur? ne veut-on pas te tromper?

L'ÉMIGRÉ.

N'est-ce pas horrible, que, depuis la restauration, on ait refusé de nous rendre ce que la révolte nous avait enlevé? qu'on nous ait toujours oubliés et trop souvent méprisés? Nous avons tout souffert, tout sacrifié, et on ne daignait pas même jeter un regard de bonté sur ceux qui avaient tant fait pour le roi et la patrie. Mais enfin l'heure de la justice est venue, l'aurore du bonheur va se lever pour nous.

L'ORPHELIN DU GARD.

En vérité, Charles, je ne te comprends pas; explique-toi? je t'en prie.

L'ÉMIGRÉ.

Eh quoi! ne sais-tu ce qui vient d'être dit? N'as-tu pas lu la lettre de l'illustre vicomte? Tu n'es donc pas au courant de la politique?

L'ORPHELIN DU GARD.

Ma foi, mon ami, je t'assure que je ne m'en occupe plus depuis qu'on ne veut plus s'entendre. Je ne lis plus les journaux, et je sais pourquoi.... Je me contente de faire des vœux pour mon roi et ma patrie, et je laisse les hommes nier le lendemain ce qu'ils ont avancé la veille.

L'ÉMIGRÉ.

Eh bien! apprends dès aujourd'hui (1) que la grande plaie de la révolution française va être fermée; que tout ce qui a souffert va être récompensé, que les défenseurs de l'autel et du trône vont recevoir le prix de leur zèle et de leur dévouement. Le généreux Chateaubriant....

L'ORPHELIN DU GARD.

Oh! que j'aime à entendre ce nom; il me rappelle de si douces émotions.

L'ÉMIGRÉ.

Oui, mon ami, le généreux Chateaubriant a osé plaider leurs droits, et demander justice au nom de tant d'illustres victimes.

---

(1) Cette brochure a été écrite dix jours après la publicité de la lettre de M. de Chateaubriant; mais un événement qu'il est inutile de faire connaître m'a empêché de la faire paraître plus tôt.

L'ORPHELIN DU GARD.

O Charles, mon ami! n'est-ce point un espoir passager que tes paroles font naître dans mon ame? Serait-il bien possible que tout ce qui a souffert fût consolé? Dois-je y croire moi-même? Grace au ciel! je pourrai donc désormais, chargé des bienfaits de mon roi, aller répandre les larmes de la reconnaissance sur le tombeau de mon infortuné père....

L'ÉMIGRÉ.

Calme tes joyeux transports. Tu n'es pour rien dans tout ceci, ce n'est point pour toi....

L'ORPHELIN DU GARD.

Charles, qu'oses-tu dire! N'as-tu pas parlé de dévouement, de plaie, de malheur, de victime? Eh bien! je suis tout cela.

L'ÉMIGRÉ.

Oui, mais tu n'es pas émigré, ni le fils d'un émigré; et ce n'est que sur les émigrés seuls, ou leurs représentans, que les bienfaits vont être répandus.

L'ORPHELIN DU GARD.

Non, cela n'est pas possible. La justice sera pour tous, ou elle ne sera pour aucun. Non, le noble pair, que mon cœur chérit, n'a pas demandé, n'a pas voulu l'arbitraire. Tu t'es trompé sans doute; tu ne l'as pas bien lu; j'oserais dire que tu ne l'as pas compris.

L'ÉMIGRÉ.

Dans ce cas là, mon ami, relisons ensemble: voici sa lettre.

L'ORPHELIN DU GARD.

Donne....

L'ÉMIGRÉ.

Tu le vois bien, je ne me suis point trompé, il ne s'agit ici que des émigrés, et rien de plus.

L'ORPHELIN DU GARD.

Que me parlais-tu donc de récompenses, de bienfaits? je ne vois partout qu'indemnités. Sais-tu bien qu'il y a une grande différence entre tous ces mots.

L'ÉMIGRÉ.

Mais pourquoi tournes-tu si vite le feuillet?

L'ORPHELIN DU GARD.

En pareille matière, je n'aime pas à voir tant de calculs. Je crois qu'il n'est question ici que de droits, que de justice; et jamais avec des chiffres on n'obtiendra aucun de ces noms; pas plus qu'on n'obtiendra le nom sublime de *Dieu*, comme l'auteur lui-même l'a dit quelque part. Nous pouvons donc laisser tous ces nombres très-insignifians pour ne nous occuper que du fond de la lettre. Continuons.......... Tiens, j'ai assez lu.

L'ÉMIGRÉ.

Qu'en dis-tu?

L'ORPHELIN DU GARD.

Rien.

L'ÉMIGRÉ.

Comment, rien?

L'ORPHELIN DU GARD.

Non, rien, si ce n'est que je viens de lire la plus

grande de toutes les erreurs, la plus grande de toutes les absurdités. J'en demande pardon à ce grand homme, il s'est trompé, mais sans doute de bonne foi.

L'ÉMIGRÉ.

Je t'assure, mon ami, que je ne m'attendais certainement pas à une semblable réponse de ta part. Comment! toi qui m'as toujours témoigné tant de respect et de vénération pour l'illustre auteur du Génie, toi dont le cœur m'est connu, dont les bons principes me sont démontrés, tu trouves injuste cette lettre; en vérité je ne te conçois pas.

L'ORPHELIN DU GARD.

Il me semble, mon ami, qu'on peut bien respecter M. de Chateaubriant, sans être obligé de partager toujours son opinion, et qu'on peut bien ne pas adopter son opinion sans cesser pour cela de chérir son pays et son roi. Le noble pair m'a appris lui-même quelque part que les grands hommes n'étaient pas toujours à l'abri de l'erreur. J'ai cru que je pouvais le lui dire aujourd'hui.

L'ÉMIGRÉ.

Je ne puis me persuader que tu aies compris sa lettre.

L'ORPHELIN DU GARD.

Je crois au contraire l'avoir très-bien comprise, parce que le sens en est facile à saisir. Ne sont-ce pas des indemnités qu'il réclame en faveur des émigrés français?

L'ÉMIGRÉ.

C'est cela même, et c'est ce que tu trouves absurde, injuste.

L'ORPHELIN DU GARD.

Très-absurde, très-injuste. Je pense, mon ami, qu'en politique il ne faut jamais se laisser prendre à cette apparence de vérité; elle doit au contraire se montrer tout entière et dans tout son éclat.

Pour te faire sentir l'absurdité et l'injustice de la lettre qui nous occupe, je n'ai besoin que de la réduire à sa juste valeur. Toute cette lettre peut donc se ramener à cette proposition-ci, que l'auteur a développée avec tout son talent ordinaire.

Les émigrés français ont tout perdu dans la révolution, on leur a tout pris, tout enlevé, on les a dépouillés injustement, et partant sans doute de ce principe vrai, *qu'il faut rendre à chacun ce qui lui est dû*, principe auquel cependant nos lois semblent déroger par le mot de prescription, l'auteur en conclut, quoi? que les biens des émigrés leur ayant été volés leur appartiennent encore; et que, ne pouvant réclamer ces biens eux-mêmes; parce que l'article 9 de la Charte s'y oppose, ils ont droit de réclamer des indemnités que la France ne pourrait leur refuser sans commettre une injustice. Je ne crois pas, mon ami, avoir affaibli le sens de la lettre, ni faire dire à l'auteur ce qu'il ne dit pas. Eh bien, je soutiens que cette proposition est injuste en ce qu'elle n'est pas générale, c'est-à-dire, qu'elle ne s'applique pas à toutes les personnes qui ont été volées, dépouillées dans la révolution et qui ont pareillement droit à des indemnités, d'après le même principe *qu'il faut rendre à chacun ce qui lui est dû;* je dis de plus que cette proposition, fût-elle générale, quoique juste en elle-même, serait déraisonnable, dangereuse, impossible à exécuter; et qu'enfin, s'il y avait des indemnités à demander, ce ne devrait pas être en faveur des émigrés français.

Si je parviens à prouver tout ce que j'avance, j'aurai réfuté entièrement, ce me semble, la lettre du noble pair, je l'aurai détruite de fond en comble. Tout ceci peut-être te paraît paradoxe, mais fais-moi le plaisir de m'écouter, et je pense qu'il me sera facile de t'en convaincre, de t'en persuader. Il est quelquefois imprudent de croire les hommes sur parole sans avoir examiné leurs raisons, aussi, quel que soit le profond respect que j'ai toujours professé pour cet illustre écrivain, je me crois en droit de ne point approuver ce qu'il soutient aujourd'hui.

Et d'abord, la proposition du noble pair est injuste en ce qu'elle n'est pas générale : c'est un fait qu'on ne peut révoquer en doute, à moins de se refuser à toute évidence, que les émigrés n'ont pas été les seuls qui aient souffert des fureurs révolutionnaires. Il n'est personne, je ne crains pas de l'avancer, pas même ceux qui ont trempé dans la révolution (1), car ils pourront t'opposer leur bonne foi; ils pourront t'objecter: Nous avons cru remédier à des abus, ramener un meilleur ordre de choses, nous avons été trompés; il n'est personne, je le répète, qui ne puisse dire: J'ai perdu, j'ai souffert, j'ai été dépouillé, j'ai donc pareillement droit à une restitution, à une indemnité: la justice est pour tous, et la justice veut que *l'on rende à chacun ce qui lui est dû*, ce qui lui a été enlevé à main armée et par violence. «En effet, mon ami, entrons dans toutes les maisons, et nous verrons partout les marques frappantes de l'expoliation et du malheur; descendons dans toutes les classes de la société, interrogeons toutes les familles, et toutes auront des violations à te raconter, des plaintes à te faire entendre et des regrets à t'exprimer.

Oui, Charles, la haine de l'exécrable Robespierre s'étendait sur tout; sa main odieuse frappait tout également, et si elle a renversé le château flanqué de tours, elle a fait disparaître la cabane qui était à côté. Qui ne sait que pour cet homme infernal et ses cruels agens, qui ne sait que pour eux tout était Louis XVI, comte, vicomte, baron, marquis, prêtre, tout, jusqu'à ce paisible laboureur qui ne savait pas même s'il existait quelque chose au-delà

---

(1) Nous devons excepter les régicides et quelques-autres monstres de leur espèce : ils sont sans excuse, leur conscience ne leur en accorde aucune, au reste ces quelques scélérats ne doivent pas faire nombre ici.

de sa misérable chaumière? Que dis-je, mon ami! Robespierre, dans son délire impie, osa attaquer jusqu'au Ciel même; il bannit Dieu de la société; mais le maître du monde n'a pas besoin d'indemnités; c'est lui qui les donne.

Vois cette veuve désolée assise sur la pierre solitaire; quel peut être l'objet de ses pleurs et de ses gémissemens? Hélas! c'est un époux adoré que les bourreaux viennent d'égorger à ses pieds, et qu'elle ne doit plus revoir. Quel est cet enfant qui erre çà et là au milieu des ruines? que cherche-t-il? que demande-til? qu'appelle-t-il à grands cris? Son père, sa mère qu'il voit morts sous les débris de la maison démolie; il sait qu'il a tout perdu; mais il voudrait encore embrasser pour la dernière fois les auteurs de ses jours; plutôt il voudrait, s'il lui était possible, les rappeler à la vie, afin qu'ils lui apprissent à lui-même à la supporter un jour.

Et ne crois pas, mon ami, que tout ceci soit exagéré. Écoute le tableau éloquent et vrai que fait de la révolution l'illustre abbé de la Mennais :

« Alors sur les débris de l'autel et du trône, sur « les ossemens du prêtre et du souverain, commença « le règne de la force, le règne de la haine et de la ter- « reur......... Pour peindre cette scène épouvantable « de désordres et de forfaits, de dissolution et de « carnage, cette orgie de doctrines, ce choc confus « de tous les intérêts et de toutes les passions, ce « mélange de proscriptions et de fêtes impures, ces

« cris de blasphèmes, ces chants sinistres, ce bruit « sourd et continu du marteau qui démolit, de la « hache qui frappe les victimes, ces détonations ter- « ribles et ces rugissemens de joie, lugubre annonce « d'un vaste massacre, ces cités veuves, ces rivières « encombrées de cadavres, ces temples et ces villes « en cendres, et le meurtre, et la volupté, et les « pleurs, et le sang, il faudrait emprunter à l'enfer « sa langue comme quelques monstres lui emprun- « tèrent ses fureurs........ Des athées gouvernèrent la « France, et dans l'espace de quelques mois ils y ac- « cumulèrent plus de ruines qu'une armée de Tar- « tares n'en aurait pu laisser en Europe pendant dix « années d'invasion.... Ils ne pardonnèrent ni à la « naissance, parce qu'ils étaient sortis de la boue, « ni aux richesses, parce qu'ils les avaient long- « temps enviées, ni aux talens, parce que la nature « les leur avait tous refusés, ni à la science, parce « qu'ils se sentaient profondément ignorans, ni à la « vertu, parce qu'ils étaient couverts de crimes, ni « enfin au crime même lorsqu'il annonça quelqu'es- « pèce de supériorité......... On organisa la mort dans « chaque bourgade, et, achevant avec des décrets « ce qu'on avait commencé avec des poignards, on « voua des classes entières de citoyens à l'extermi- « nation (1). »

---

(1) Essai sur l'indiff. en matière de religion, par M. l'abbé F. de la Mennais. Tom. Ier. Chap. X pag. 429 et suiv.

Charles, dis-le moi, qui a été épargné? Qui oserait choisir parmi tant de victimes? Et quand on le voudrait, le pourrait-on?

Sachons, mon ami, apprécier les choses ce qu'elles valent. Crois-tu que ce commerce qui faisait subsister toute une famille, ne lui était pas aussi précieux que pouvait l'être à cette autre l'élégant carrosse qui la promenait et le jour et la nuit? Crois-tu que ces quelques arpens de terre n'étaient pas aussi chers à ce bon et modeste laboureur, que pouvaient l'être à ce seigneur ces jardins de plaisance, ou, si tu veux, ces plaines immenses qu'il ne visitait peut-être jamais? Crois-tu que la cabane qui lui servait d'abri, et de laquelle il ne sortait jamais sans avoir béni le dieu qui fait fertiliser les moissons, ne lui était pas aussi nécessaire que pouvait l'être à cet homme opulent, qui se disait son maître, ce superbe palais que ne quittaient jamais les plaisirs et la joie.

Vainement nous dirait-on : Mais ce n'était qu'un coin de terre, qu'une misérable cabane sur laquelle personne ne daignait jeter un regard. Eh! qu'importe à ce bon paysan, qu'on l'observe ou non au pied de l'arbre qu'il a lui-même planté et que le ciel a fait grandir : il ne se réjouit pas moins sous son ombre bienfaisante, entouré de ses aimables enfants; il n'en cueille pas moins le fruit qui doit le nourrir : tout ce qu'il désire, c'est qu'on ne vienne point le lui arracher. Qu'importe qu'on le visite ou non dans son humble réduit : tout ce qu'il veut, tout ce qu'il demande, c'est qu'on l'y laisse en paix, qu'on ne vienne point troubler la fète innocente que ses enfants lui préparent, et surtout qu'on lui laisse vider gaiment la coupe que ses travaux et ses veilles viennent d'emplir. Ce n'est point lui, Charles, qui a attiré l'orage; pourquoi voudrait-on l'en punir?

Je ne conçois pas que la justice doive jamais dépendre de quelques titres que la fortune lance souvent dans ses caprices, et que le mérite n'attrape pas toujours, ni de plus ou moins d'arpens de terre.

N'isolons pas les objets; considérons-les plutôt dans leur utilité, dans leur nécessité, et surtout par rapport au possesseur légitime, et l'on verra que c'est toujours celui qui a le moins qui est le plus à plaindre, et dont les droits doivent être les plus sacrés. Aussi voilà pourquoi jamais chez aucun peuple, aucun législateur n'a osé dire, ni n'a pu dire : Quiconque volera un homme, riche, puissant, sera puni, et la chose volée, ou la valeur de la chose volée sera rendue au maître; et quiconque volera un homme pauvre, sans titre, jouira en paix de son brigandage et de ses rapines; car alors tout le monde voudrait être riche, puissant, pour ne pas être dépouillé impunément; et de là les désordres et les crimes de toute espèce; mais au contraire le législateur, par un sentiment de commisération et de pitié, semble faire pencher la balance du côté de la pauvreté, parce que trop souvent malheureusement, la pauvreté n'a de refuge que dans la loi.

On poursui tet on dit : De toutes les personnes qui ont été dépouillées, durant nos discordes civiles, les émigrés seuls l'ont été entièrement : on ne leur a rien laissé; tout a été frappé d'expoliation, de plus, leurs biens existent encore; ils les voient tous les jours; ils sont donc les seuls qui méritent quelques indemnités, les seuls à qui justice puisse être rendue, et parce que nous ne pouvons pas guérir tous les maux de la révolution, nous ne devons pas nous empêcher de remédier à quelques-uns.

La conclusion est tranchante, mon ami, mais est-elle bien juste? examinons-la.

Elle serait bien déraisonnable la loi qui imposerait silence à celui qui viendrait demander réparation des torts qu'il aurait soufferts de la part d'un tiers, par cela même que le plaignant n'aurait pas été entièrement dépouillé de tous ses biens. Elle serait bien injuste et dangereuse la loi qui repousserait celui qui viendrait dénoncer à la justice l'homme qui lui aurait enlevé son or, son mobilier, par cela même que ce dernier ne lui aurait pas volé sa terre et ses immeubles; en vérité, mon ami, une telle loi ne pourrait sortir que de la tête d'un législateur imbécile.

Nous savons bien, et on n'avait pas besoin de nous le répéter; nous savons bien, malheureusement, qu'un commerce peut disparaître, que des marchandises peuvent être détruites, que des arbres peuvent être coupés, brûlés, qu'une maison peut être bouleversée de fond en comble, qu'un père peut être enlevé pour toujours à ses enfants; mais ce que nous ne savions pas encore c'est que le propriétaire de ces marchandises, de ces arbres, de cette maison, perdît tous ses droits par cela même qu'il lui serait impossible de montrer sa propriété. Tu sens mieux que moi, mon ami, qu'une pareille doctrine ne serait pas du tout sociale.

Nous savons certainement que les terres des émigrés existent encore, qu'elles portent des moissons, que leurs maisons sont habitées; mais nous savons aussi qu'elles ne leur appartiennent plus, qu'ils ne peuvent pas les réclamer d'après l'article 9 de la Charte; or, peut-on soutenir que l'on ait des droits sur une chose qu'on ne peut plus réclamer, et dès le moment que la chose cesse de nous appartenir, nos droits ne cessent-ils pas aussi? Peut-on dire que l'article 9 de la Charte, qui déclare toutes les propriétés inviolables, même celles dites *nationales*, n'a pas voulu aussi enlever à l'ancien propriétaire les droits qu'il avait sur sa propriété; mais alors l'article 9, ou plutôt le législateur, serait en contradiction avec lui-même, cela n'est pas possible, et cependant il s'agit ici d'un droit de propriété, donc là où il n'y a pas de propriété il n'y a pas de droits : sur quoi donc les établit-on? sur quoi fait-on reposer cette indemnité?

Je crois deviner, mon ami, quelle était la pensée qui s'offrait le plus souvent à l'esprit de l'auteur au moment où il composait sa lettre. Il me semble que l'idée de dévouement venait se mêler sans cesse à l'idée d'expoliation. Quoi qu'il en soit, faisons un argument à M. le vicomte, et sommons-le d'y répondre; comment le fera-t-il?

Ou vous demandez des indemnités en faveur des émigrés français, comme ayant été dépouillés de leurs propriétés, ou bien comme ayant été les défenseurs malheureux de la monarchie. Si vous demandez des indemnités en faveur des émigrés comme ayant été dépouillés, nous vous dirons avec juste raison : les émigrés n'ont pas été les seuls spoliés; nous l'avons prouvé, c'est reconnu: vous êtes donc inconséquent lorsque vous ne demandez des indemnités que pour eux. Si au contraire vous voulez leur accorder des indemnités comme ayant été les défenseurs malheureux de l'autel et du trône, nous vous dirons toujours avec justice : les émigrés n'ont pas été les seuls défenseurs malheureux de l'autel et du trône, pourquoi donc ne réclamez-vous des indemnités que pour eux seuls? N'examinons pas ici, mon ami, si tous les émigrés ont été réellement les défenseurs du roi et de la France; mais voyons s'ils ont été les seuls.

Je fais un appel à tous les Français, et des milliers de voix me répondent ; je cherche quels sont ceux qui ont soutenu la cause sacrée de la monarchie, et le nombre en est incalculable. J'y vois des citoyens de toutes les classes : chacun se dispute le plaisir de raconter le premier ses souffrances, de proclamer son courage et son dévouement : « Nous avons combattu au camp de « Jalès, me disent les uns ; voyez comme nous avons « été traités dans les murs de Lyon, répètent les « autres, en montrant leurs glorieuses blessures ; « nous n'avons échappé à la hache révolutionnaire « que par un miracle de la Providence, répondent « ceux-là ; et tous ensemble s'écrient : nous avons « tout fait, tout sacrifié pour notre roi et notre « patrie ! »

Quel est donc ce vieillard qui demande la parole avec tant d'efforts ? aurait-il des malheurs nouveaux et un dévouement plus grand encore à nous apprendre ? Écoutons : ses cheveux blancs commandent le respect, et semblent nous assurer d'avance de sa franchise et de sa sincérité.

« La *Vendée*, ma patrie, a souffert tous les « fléaux à la fois, c'est là que les ennemis du roi et « de la France dirigèrent tous leurs coups. Mes « concitoyens inébranlables dans leurs principes « résistèrent avec persévérance à leurs efforts : ra- « nimez-vous, cendres de tant de généreux défen- « seurs ! venez vous-même dire tous vos malheurs, « venez.... » Arrêtez, vieux ami de la légitimité, mon ame n'a pas assez de force pour écouter le récit de tant d'infortunes inouies ; vos plaines semées encore d'ossements de tant de victimes, attestent hautement votre intrépidité, votre courage et votre dévouement, et votre nom sera toujours cité comme le témoignage de la fidélité malheureuse.

Mais quels sont ces jeunes gens qui veulent à tout prix se placer sur les rangs des défenseurs de la plus sainte des causes ? C'est tout au plus s'ils étaient nés au temps de la terreur. Entends-les, mon ami, nous dire :

« Nous n'avons pas combattu nous-mêmes, puis-
« que notre jeune âge ne nous permettait pas alors
« de prendre le mousquet pour la défense de notre
« roi légitime, et cependant nous venons demander
« justice. »

Entends-les chacun s'écrier : « Eh quoi! mon père
« s'arrachant des bras d'une épouse chérie, don-
« nant à ses chers enfants le dernier baiser d'a-
« mour et de tendresse, abandonnant tout pour
« voler à la défense de l'état en danger, n'est-il
« pas digne de quelques récompenses! En vain la
« voix de la nature lui crie : Reste auprès de ta fa-
« mille, reste pour soigner tes enfans ; en te per-
« dant ils perdent tout! La voix de l'honneur a été
« entendue, *Louis* dans les fers, la patrie expirante
« ont parlé plus haut à son cœur ; l'intérêt général
« l'emporte sur l'intérêt particulier ; il court se
« ranger sous les drapeaux de la fidélité et de la

« gloire. Son sang a coulé inutilement, ses efforts « ont été impuissans; il n'a pu délivrer son roi; il « n'a pu sauver sa patrie; mais il a voulu tout cela: « il a fait des vœux au ciel pour le bonheur de son « pays, et le ciel ne l'a pas exaucé. Quelques scé- « lérats ont fait entendre ce cri effrayant : Le roi « est mort! Le cri d'alarme a répondu, sauve qui « peut frappe toutes les oreilles. Hélas! où ira-t-il? « lui sera-t-il permis de retourner au sein de ses « foyers? ira-t-il se consoler dans les bras de son « épouse? pansera-t-elle ses plaies? Non, il l'a em- « brassée pour la dernière fois, il ne doit plus la « revoir, il ne doit quitter les camps que pour être « jeté dans des cachots infects, et n'en sortir que « pour monter à l'échafaud, et faire entendre ce cri « si français : Je meurs pour mon dieu, mon roi et « ma patrie! Vive le roi! Non, je n'ai point com- « battu moi-même, mais j'ai combattu dans la per- « sonne de mon père; mais j'ai souffert dans les bras « de ma mère, dont j'ai partagé l'isolement et les « privations; mes droits existent encore, ils ne sont « point descendus dans la tombe avec celui qui me les « a acquis. » Charles, mon ami, est-ce là de l'amour, est-ce là du dévouement? Faisons taire l'intérêt, et soyons de bonne foi : y a-t-il sur la terre une propriété plus chère, plus sacrée qu'un époux, qu'un père; et quelle indemnité assez grande peut en réparer la perte? Quoi! celui qui a défendu la France sans jamais fuir, qui est mort les armes à la main, n'est-il pas aussi louable que celui qui l'abandonnait à quelques monstres qui la mutilaient, et qui fuyait toujours comme si l'ombre redoutable de Robespierre l'eût poursuivi sans cesse? Mais non, son poignard ne frappait que les Français qui étaient en France, et ses arrêts de mort ne s'étendaient pas au-delà du sol de la patrie.

L'ÉMIGRÉ.

Tes paroles, mon ami, me paraissent très-justes. Je crois avec toi que les émigrés ne sont pas les seuls qui aient eu à se plaindre de la révolution; mais la persécution eut sa fin, la tyrannie cessa, l'anarchie disparut, le commerce reprit en France, et chacun oublia bientôt ses pertes et ses souffrances, quand il put les réparer par une honnête industrie. Mais les émigrés étaient toujours victimes; ils erraient çà et là sans savoir où reposer leur tête; ils mendiaient leur existence, et ne trouvaient de consolation que dans la pitié d'un cœur charitable qu'ils ne rencontraient pas toujours. On laissait en paix les Français en France, et les malheureux émigrés n'étaient jamais assez loin du sol qui les avait vus naître. On les persécutait même sur la terre étrangère.

L'ORPHELIN DU GARD.

Je suis touché comme toi, mon ami, des souffrances des émigrés; je les plains bien sincèrement; je pleure sur leur misère; je regrette de n'avoir pu alléger ou faire disparaître les maux de tous; je m'indigne contre ceux qui leur refusaient l'hospitalité, ou qui ne la leur accordaient pas avec le respect dû au malheur; mais cependant on ne peut, on ne doit de tout ceci en rien conclure en faveur de la lettre qui nous occupe. N'oublions pas, Charles, qu'il ne s'agit ici que de droits; voilà toute la question. La pitié peut bien nous arracher des gémissemens, des larmes, des bienfaits, mais elle ne doit jamais nous faire trahir la justice. Et depuis quand, dis-le moi, serait-il permis de refuser justice à celui qui la réclame avec justice, si je puis m'exprimer ainsi, parce qu'il aurait usé d'une louable industrie, et qu'il aurait voulu ramasser les lambeaux épars de sa fortune, ou plutôt s'en créer une nouvelle? Mais puisqu'on nous force à être si exacts et à ne faire aucune concession, je te demanderai à mon tour: Crois-tu que parmi les émigrés, il n'en est pas qui aient cherché par des moyens honnêtes à retrouver ce que la révolution leur avait enlevé? Crois-tu qu'il n'en est pas qui aient ramassé de l'or? Il en est, et même plusieurs, qui se sont enrichis en Allemagne, en Angleterre ou partout ailleurs, et cependant je ne prétends pas leur dire aujourd'hui, vous avez des biens, vous êtes riches, vous avez donc perdu les droits que vous prétendez avoir; non certes, ce ne sont pas là mes raisons, elles seraient trop injustes.

Cherchant à émouvoir mon cœur sur le sort des émigrés que j'ai toujours aimés et respectés, tu te plais à faire disparaître tout-à-coup tous les maux de la France, et à faire de son séjour un séjour de délices et de bonheur, qui certainement devraient offrir un grand contraste avec les malheurs que les émigrés souffraient sous un ciel étranger. Mais, mon ami, tu te hâtes trop de rendre tes concitoyens heureux. La persécution, as-tu dit, eut sa fin. Oui, grace au ciel, il ne fut plus permis d'ensanglanter nos places publiques; la tyrannie cessa pour faire place à une autre espèce de tyrannie non moins odieuse. L'anarchie disparut et le despotisme naquit. Il ne fut plus permis à Robespierre d'égorger la nation; le ciel qui avait horreur de cet homme, en délivra la terre qui le maudissait, et le précipita dans la tombe; mais comme si la leçon n'eût pas été assez terrible, comme s'il n'eût jamais été assez las de punir, il nous envoya Buonaparte avec toute sa noire ambition : instruit à l'école des discordes civiles, il voulut être plus prudent que son horrible maître, mais il ne fut guère moins cruel. Robespierre frappait les citoyens avec le poignard; Buonaparte, moins scélérat, les immola avec le glaive de la victoire ; et si quelques jeunes victimes échappèrent à la fureur de l'ennemi des hommes, parce qu'il n'est pas donné à l'homme de tout détruire, Buonaparte, l'ennemi des Français, les sacrifia à ses ressentimens. Robespierre avait privé cette veuve de son époux, Buonaparte vint lui arracher d'entre les bras le fils qui était toute sa consolation. La main destructive de Robespierre brisa tout; le sceptre de fer de Buonaparte fit tout gémir. Tout paraissait odieux à Robespierre; rien ne fut sacré pour Buonaparte. Robespierre bannit Dieu de la société; Buonaparte le persécuta dans la personne de ses ministres. Est-ce là, mon ami, ce que tu appelles la fin des persécutions, le règne de la paix? Le sort des Français, sous Buonaparte, ne te paraît-il pas bien digne d'envie? Les coups qui partent de la main de celui à qui vous avez accordé l'hospitalité sont plus cruels encore que ceux que vous porte une main étrangère. Mais laissons-là le despote, ne pénétrons pas dans son palais, et surtout ne cherchons pas à reconnaître quels sont ceux qui l'entourent et qui fléchissent le genou devant lui, nous frémirions....

J'en ai assez dit, je pense, mon ami, pour te prouver que les émigrés n'ont pas été les seuls dépouillés, les seuls défenseurs de la royauté; et que par conséquent ils n'ont pas seuls droit à des indemnités.

Je pourrais m'arrêter ici, puisque j'ai réfuté pleinement le noble pair; mais je t'ai promis quelque chose de plus, et je veux te satisfaire. J'ai avancé que quand même M. le vicomte aurait plaidé les droits de toutes les victimes, il n'en aurait pas été pour cela plus digne d'éloges, puisqu'il aurait soutenu une chose déraisonnable, dangereuse. En effet, s'il arrivait, ce qui n'est pas impossible, Charles, que toutes les personnes qui ont souffert dans la révolution demandassent des indemnités, n'en doutons pas un seul instant, la France se verrait de nouveau en proie à toutes les discordes civiles : Rome périt quand l'amour de la patrie commença à s'éteindre dans le cœur de ses sujets, je veux dire, quand l'intérêt particulier se plaça au-dessus de l'intérêt général, quand chaque citoyen se préféra à la république, et qu'il osa lui demander le prix de son courage, de son dévouement et de ses sacrifices. Hâtons-nous donc de proclamer cette vérité fondamentale: que tous les français sans distinction qui ont été persécutés, dépouillés, doivent oublier leurs souffrances et leurs pertes; qu'ils ne pourraient sans violer la Charte, sans se montrer les ennemis de leur roi et de leur pays demander ce que la révolution leur aurait ravi. Le naufrage a été général; que chacun se contente de ce qu'il a pu sauver, et que celui qui a tout perdu, supporte son sort sans se plaindre. Et vous, noble pair, dont le cœur généreux nous a si souvent dit qu'il ne désirait rien, pourquoi venez-vous aujourd'hui réveiller la cupidité dans l'ame de vos concitoyens? Pourquoi nous pousser sans cesse vers le passé, est-ce là, dites-le nous le véritable moyen de nous le faire oublier? Si nos blessures sont encore saignantes, pensez-vous les cicatriser en y portant de nouveau le fer? Pourquoi faire revivre de cruels souvenirs que nous devons étouffer pour le bonheur et le repos de la France.

Plus que personne, mon ami, les émigrés doivent faire le sacrifice de tout ce qu'ils ont perdu; mais avant de te dire pourquoi, permets-moi de t'offrir quelques réflexions sur la révolution française; elles pourront nous aider à mieux comprendre la matière que nous traitons.

Sans partager le sentiment de ceux qui veulent trouver la cause de la révolution dans un déficit de quelques millions, il est reconnu cependant que l'état était grevé de dettes dont il fallait le délivrer. Il existait au milieu de nous un vide immense que l'imprudence avait creusé et que la sagesse devait faire disparaître; mais qui pouvait opérer cet acte de bonté et de justice ? Qui ? ceux qui en avaient les moyens, qui tenaient tout du roi et de la patrie: ils ne voulurent pas; chacun ferma son coffre. On se rendit dans les assemblées pour s'y disputer et pour savoir qui donnerait plus, ou moins, ou rien : on délibéra beaucoup, comme si l'on ne savait pas qu'au moment du danger, il n'est plus temps de délibérer, mais d'agir. Personne, de peur d'être un objet de haine ou de mépris, n'osa donner l'exemple de la générosité; tous regardèrent l'abîme, les uns avec effroi, les autres avec trop de légèreté, et aucun n'eut le courage de jeter le premier. Mais les méchans qui se tenaient en haleine, entendirent le terrible *non*, et se hâtèrent de précipiter dans cet abîme sans fond, tout pêle-mêle, roi, sujet, opulence, misère, vertu et vice. O vous qui auriez pu arrêter cet épouvantable fracas! qu'avez-vous à nous répondre? laissez parler votre conscience: vos dons, je le sais, n'auraient pas empêché le mal, mais ils auraient du moins enlevé aux méchans tout prétexte de le justifier, et ç'eût été beaucoup.

Si tu me demandais maintenant de t'assigner la véritable source de toutes nos calamités, je croirais le faire en te la montrant dans la perversité du cœur, dans la dépravation des mœurs. Mais quelles étaient les bouches qui osaient proclamer l'impiété? quels étaient ceux qui apprenaient aux hommes à se jouer des choses les plus saintes? je n'ose les nommer, qu'il me suffise de te dire: la république romaine disparut et sa gloire avec elle, quand les grands eurent appris au peuple à mépriser leurs dieux. *Les confiscations et le jugement de Louis XVI*, nous dit-on, *ont été la grande plaie de la révolution*; oui, noble pair, nous le reconnaissons avec vous; mais accordez-nous aussi, que si Louis XVI n'avait pas été jugé, condamné, que s'il avait été sauvé, il n'y aurait pas eu de confiscation, que tout serait rentré dans l'ordre. Mais Louis XVI pouvait-il être sauvé? oui, mon ami. A Dieu ne plaise, Charles, que j'appelle ici la mort de cet infortuné monarque le crime de la nation ; non, la nation aura toujours horreur d'un assassinat juridique qu'elle n'a jamais voulu, et qui n'est que l'ouvrage de quelques factieux qu'il était facile d'anéantir. Mais, nous dit-on sans cesse, Louis XVI ne pouvait pas être sauvé. Chevaliers français, enfants de la victoire, laissez-là ces puériles raisons, ou ne vantez plus votre courage. Quoi ! Louis XVI ne pouvait pas être sauvé, et ce n'étaient que quelques scélérats qui le tenaient dans les fers, qui osaient le juger, et qui, n'ayant aucune faute à lui reprocher, voulurent lui faire un crime de son innocence. Qu'eussiez-vous dit, brave Crillon, grand Condé, vaillant Turenne, et vous tous patriarches de la gloire, qu'eussiez-vous dit si le ciel vous eût permis de reparaître sur la terre?

« Héritiers de notre sang, eussiez-vous dit, soyez-le de notre courage et de notre bravoure; cheva-
« liers où courez-vous ? le poignard parricide s'a-
« gite sur la tête auguste de votre roi, et nulle
« épée ne s'élève à ses côtés pour le défendre ; aux
« armes, enfants de l'honneur, courons vers ce
« temple où on l'abreuve d'outrages, rompons les
« portes qui le tiennent captif, brisons ses chaînes
« et frappons ses bourreaux; montrons Louis à la
« patrie, et la patrie entière va tomber à ses pieds
« et bénir votre bras; sauvons le roi, et vos pro-
« priétés seront respectées ainsi que vos personnes. »

O Charles, mon ami ! s'il se fût trouvé un cœur assez généreux, qui eût osé faire entendre ces paroles héroïques, n'en doutons pas un seul instant, jamais le sang du plus vertueux des rois n'aurait coulé sur l'échafaud. Mais puisque nos regrets sont ici inutiles, détournons nos regards de cette scène sanglante, et arrêtons-les sur le présent. Je reviens à ma dernière proposition, et je serai court.

Les nations comme les familles vivent d'union, l'union naît de l'amour, l'amour se prouve par les sacrifices; donc celui qui fait le plus de sacrifices est celui-là même qui désire le plus la conservation de la nation ou de la famille dont il est membre; mais pour en revenir à notre question, quels sont les Français qui doivent désirer davantage la paix, la tranquillité de la France, ce sont sans contredit ceux qui ont le plus d'autorité, et qui ont par conséquent le plus grand intérêt à ce que cette paix, cette tranquillité existe; que les émigrés qui avant la révolution étaient les premiers de la nation, les aînés de la grande famille et qui le sont encore aujourd'hui nous donnent donc ce témoignage d'amour patriotique, et alors disons-le à notre tour, *la leçon fructifiera*; qu'ils ne se montrent pas moins généreux que la royauté qu'ils approchent de si près; qu'ils pensent qu'elle a fait ses sacrifices dans la personne du roi martyr et qu'elle a pardonné; qu'ils se rappellent que la monarchie a fait les siens en nous donnant la charte qu'elle a juré de maintenir. Nous ne voulons certainement pas qu'ils mettent à la porte du patrimoine qui ne leur appartient plus, mais nous désirons qu'ils n'en parlent plus ; qu'ils aient recours aux bontés de notre roi, qu'ils se relèvent de leur infortune par leur propre mérite; que celui qui a les talens requis pour occuper telle ou telle place, la demande; qu'on la lui donne ; mais qu'il n'oublie jamais qu'il ne la tient qu'à titre de bonté, qu'à titre de grace, et non à titre de justice.

Je pourrais étendre davantage mes réflexions, mais peut-être es-tu déjà persuadé.

L'ÉMIGRÉ.

Oui je le suis, et c'est avec autant d'intérêt que d'attendrissement que je t'ai écouté; pourquoi donc ai-je désiré moi-même une chose à laquelle je ne devais jamais penser! Oui, mon ami, je veux oublier ce qu'a souffert ma famille, tout ce que j'ai perdu; je veux t'imiter dans ta générosité.

L'ORPHELIN DU GARD.

Je ne sais, mon ami, si ce n'est pas pour mon malheur que je viens de parler; l'intérêt *est la fibre sensible de l'homme; quand on l'attaque par cet endroit, on lui fait pousser les hauts cris ;* et moi je suis si faible, qu'un souffle suffit pour m'enlever. Je n'ai prétendu offenser personne, à Dieu ne plaise, j'ai rapporté des faits; j'ai cru que je pouvais opposer la vérité à l'erreur, l'amour de la patrie à l'amour des richesses, l'intérêt général à l'intérêt particulier, le désintéressement et l'honneur à la cupidité. Ah! si mes paroles me suscitaient des ennemis: si pour avoir osé dire à mes concitoyens : Français, soyons unis, n'ayons tous qu'un cœur et qu'une ame, oublions le passé, consolons-nous de toutes nos pertes à l'ombre du trône de Charles X, ne pensons qu'à l'aimer, qu'à le chérir; si pour avoir osé souhaiter le bonheur de ma chère patrie je me voyais frappé par quelques mains imprudentes, c'est dans ton cœur, ô Charles, ô mon ami, que je viendrais chercher des consolations et des secours ; c'est dans tes bras que je viendrais me réfugier.

PARIS, DE L'IMPRIMERIE DE GAULTIER-LAGUIONIE.

www.ingramcontent.com/pod-product-compliance
Lightning Source LLC
LaVergne TN
LVHW010306230826
846091LV00007BB/2741

* 9 7 8 2 0 1 3 4 4 8 9 8 7 *